Ulrich Becker

Learn German — Easy Animal Stories with Exercises
(Levels A2 and B1)

I0223616

Ulrich Becker

Learn German – Easy Animal Stories with Exercises

(Levels A2 and B1)

German 101

German 101
(an imprint of Mondial, New York)

Ulrich Becker: **Learn German – Easy Animal Stories
with Exercises (Levels A2 and B1)**

© 2024 German 101; Mondial; Ulrich Becker

ISBN 9781595694751 (Print edition)
ISBN 9781595694768 (ebook edition)

www.german-101.com

www.mondialbooks.com

Table of Contents

Preface

Welcome to "Learn German – Easy Animal Stories with Exercises (Levels A2 and B1)"!

This book invites you to embark on a delightful journey through the heartwarming tales of young protagonists and their furry or feathered companions, as they navigate their everyday little adventures.

Through intentionally simple yet engaging narratives, learners at levels A2 and B1 are invited to immerse themselves in the rhythms and melodies of the German language, discovering new words, phrases, and grammatical structures along the way.

Each story is a window into the imaginative world of children and the special relationships they share with their pets. While the focus of "Easy animal stories" is squarely on the adventures of young people and their pets, the simple texts of the book serve mainly as a tool to develop your skills of the German language. Through useful, every-day words and expressions woven into each story, learners are introduced to new nuances of the German language.

Accompanying the stories are a variety of exercises (with an answer key at the end) designed to reinforce language skills and deepen comprehension. From useful new vocabulary to comprehension questions, translation exercises and more, these resources provide learners with the tools they need to memorize new words, phrases, concepts, idiomatic expressions, and grammar. "Learn German – Easy Animal Stories With Exercises (Levels A2 and B1)" will certainly expand your linguistic horizons, offering something for everyone, young and old.

So, with an open mind and a sense of curiosity, let us journey together into the enchanting world of language and imagination.

Auf geht's! – Let's go! Enjoy the little adventures in this book!

ANIMAL STORIES – TIERGESCHICHTEN

Max und Benny

Es ist ein sonniger Nachmittag in dem kleinen Dorf. Max – oder Mäxchen, wie ihn alle nennen – geht oft hinaus in den Garten, um mit seinem fröhlichen **Dackel** Benny, zu spielen. Die beiden sind **unzertrennlich** und haben immer viel Spaß miteinander.

Auch heute spielen sie im Garten. Max wirft den Ball weit, bis ans Ende des Gartens, und Benny springt ihm hinterher und bringt ihn stolz wieder zurück. Doch plötzlich **verschwindet** Benny **spurlos**. Max ruft und ruft und bekommt nach einer Weile Angst, weil er Benny nicht finden kann. Ist ihm etwas passiert? Max sucht im ganzen Garten, unter Büschen und hinter Bäumen, im **Schuppen** und in den Blumenbeeten, aber Benny ist **wie vom Erdboden verschluckt**. Minuten **vergehen**, dann eine halbe Stunde.

Die Sorge um Benny lässt Max' Herz schneller schlagen. Er fühlt etwas Panik. Er verlässt den Garten und geht in Richtung Dorf. Als er die ersten Häuser erreicht, klopft er an die Türen und fragt jeden, der seine Haustür öffnet, ob er Benny gesehen hat. Alle sagen „Nein". Als eine ganze Stunde vergangen ist, fühlt Max **Verzweiflung**. Tränen rollen über seine Wangen. Er **fürchtet**, seinen geliebten Hund für immer verloren zu haben.

Erschöpft setzt er sich auf eine Bank zwischen zwei Häusern und **starrt** in die Ferne. Plötzlich hört er ein **vertrautes Bellen**. Er schaut sich um, kann aber nichts und niemanden sehen. Dann steht er auf und folgt dem **Geräusch**. In einem der Gärten glaubt er, etwas zu sehen. Einen Schatten, der sich bewegt. Dann **entdeckt** er Benny in einem Blumenbeet. Benny **wedelt** freudig mit dem **Schwanz**, als er Max sieht, kommt auf ihn zu und springt an ihm hoch.

Dann hört Max ein anderes Bellen, und aus dem **Gebüsch** kommt ein zweiter Hund. Er ist größer, hat lange Beine und ein braunes Fell mit kurzen Haaren. Benny läuft zwischen dem anderen Hund und Max hin und her.

Max hat den zweiten Hund vorher noch nie gesehen. Es scheint, als ob die beiden Hunde in der kurzen Zeit gute Freunde geworden sind und miteinander spielen wollen. Max ist jetzt wieder glücklich, nimmt Benny in seine Arme und **umarmt** ihn fest. Er **beschließt**, mit dem **Besitzer** des zweiten Hundes zu sprechen und ihn zu bitten, Benny von Zeit zu Zeit mit dem anderen Hund spielen zu lassen.

Obwohl es eine aufregende Suche war, endet die Geschichte mit einer **herzerwärmenden Wiedervereinigung** von Max und seinem besten Freund Benny und einem noch stärkeren **Band** zwischen den beiden.

Vokabeln:

der Dackel, *pl.:* die Dackel – the dachshund

unzertrennlich – inseparable

verschwinden (*simple past:* verschwand, *present perfect with participle:* ist verschwunden) – to disappear

spurlos – without a trace

der Schuppen, die Schuppen – the shed

wie vom Erdboden verschluckt – as if swallowed up by the ground

vergehen – to go by

die Verzweiflung – the despair

fürchten (fürchete, hat gefürchtet) – to be afraid

erschöpft – exhausted

starren (starrte, hat gestarrt) – to stare

vertraut – familiar

das Bellen – the barking

das Geräusch, die Geräusche – the sound, the noise

entdecken (entdeckte, hat entdeckt) – to discover

wedeln (wedelte, hat gewedelt) – to wag

der Schwanz, die Schwänze – the tail

das Gebüsch, die Gebüsche – the shrubbery, boskage

umarmen (umarmte, hat umarmt) – to embrace

beschließen (beschloss, hat beschlossen) – to decide

der Besitzer, die Besitzer – the owner

obwohl – even though

herzerwärmend – heart-warming

die Wiedervereinigung, die Wiedervereinigungen – the reunification

das Band, die Bänder – the bond (other meaning: the ribbon)

Please find the answers to the following questions in the text above and copy them in your notebook. Then compare your answers with the answer key at the end of the book:

1. Was wissen wir über das Wetter in dem kleinen Dorf?
2. Wie heißen der Junge und der kleine Hund?
3. Wohin gehen Max und Benny oft, um zu spielen?
4. Wohin wirft Max den Ball?
5. Was macht Benny mit dem Ball?
6. Was passiert plötzlich mit Benny?
7. Wo sucht Max nach Benny?
8. Wie viel Zeit vergeht bei der Suche?
9. Wohin geht Max dann?
10. Was tut Max in dem Dorf?
11. Wie viel Zeit ist bei der Suche vergangen?
12. Was fürchtet Max?
13. Wohin setzt sich Max dann?
14. Was hört er plötzlich?
15. Was sieht er dann in einem der Gärten?
16. Wo entdeckt er Benny?
17. Was tut Benny, als er Max sieht?
18. Woher kommt der zweite Hund?
19. Wie sieht der zweite Hund aus?
20. Was beschließt Max dann?

Please fill in the gaps by using the new words. Don't look at the original text. You can look at the vocabulary list with the translated words, if necessary, but try first without. Finally, please compare your translation with the original text.

Es ist ein sonniger Nachmittag in dem kleinen Dorf. Max – oder Mäxchen, wie ihn alle nennen – geht oft hinaus in den Garten, um mit seinem fröhlichen _____ [dachshund] Benny, zu spielen. Die beiden sind _____ [inseparable] und haben immer viel Spaß miteinander.

Auch heute spielen sie im Garten. Max wirft den Ball weit, bis ans Ende des Gartens, und Benny springt ihm hinterher und bringt ihn stolz wieder zurück. Doch plötzlich _____ [disappears] Benny _____ [without a trace]. Max ruft und ruft und bekommt nach einer Weile Angst, weil er Benny nicht finden kann. Ist ihm etwas passiert? Max sucht im ganzen Garten, unter Büschen und hinter Bäumen, im _____ [shed] und in den Blumenbeeten, aber Benny ist _____ [as if swallowed by the ground]. Minuten _____ [go by], dann eine halbe Stunde.

Die Sorge um Benny lässt Max' Herz schneller schlagen. Er fühlt etwas Panik. Er verlässt den Garten und geht in Richtung Dorf. Als er die ersten Häuser erreicht, klopft er an die Türen und fragt jeden, der seine Haustür öffnet, ob er Benny gesehen hat. Alle sagen „Nein". Als eine ganze Stunde vergangen ist, fühlt Max _____ [despair]. Tränen rollen über seine Wangen. Er _____ [is afraid], seinen geliebten Hund für immer verloren zu haben.

_____ [exhausted] setzt er sich auf eine Bank zwischen zwei Häusern und _____ [stares] in die Ferne. Plötzlich hört er ein _____ [familiar] _____ [barking]. Er schaut sich um, kann aber nichts und niemanden sehen. Dann steht er auf und folgt dem _____ [sound/noise]. In einem der Gärten glaubt er, etwas zu sehen. Einen Schatten, der sich bewegt. Dann _____ [discovers] er Benny in einem Blumenbeet. Benny _____ [wags] freudig mit dem _____ [tail], als er Max sieht, kommt auf ihn zu und springt an ihm hoch.

Dann hört Max ein anderes Bellen, und aus dem _____ [shrubbery] kommt ein zweiter Hund. Er ist größer, hat lange Beine und ein braunes Fell mit kurzen Haaren. Benny läuft zwischen dem anderen Hund und Max hin und her.

Max hat den zweiten Hund vorher noch nie gesehen. Es scheint, als ob die beiden Hunde in der kurzen Zeit gute Freunde geworden sind und miteinander spielen wollen. Max ist jetzt wieder glücklich, nimmt Benny in seine Arme und _____ [embraces] ihn fest. Er _____ [decides], mit dem _____ [owner] des zweiten Hundes zu sprechen und ihn zu bitten, Benny von Zeit zu Zeit mit dem anderen Hund spielen zu lassen.

_____ [Even though] es eine aufregende Suche war, endet die Geschichte mit einer _____ [heart-warming] _____ [reunification] von Max und seinem besten Freund Benny und einem noch stärkeren _____ [bond] zwischen den beiden.

Please translate the following sentences. Use most structures and phrases from the original text above and change only, what needs to be changed or added (or left out). If necessary, consult a dictionary. Compare with the correct translation at the end of the book:

1. It is a rainy afternoon in the small village.
2. Max goes often outside into the garden, in order to play with his small dachshund.

3. Peter goes often into the park, in order to play with his dog.
4. Both of them are happy.
5. Today, they also play in the park.
6. Today, they also sit in the garden.
7. Suddenly my brother disappears without a trace.
8. The shed is open. Is there anybody in the shed?
9. My cat is missing, as if swallowed up by the ground.
10. Hours pass. One minutes passes. The year passes. Years pass.
11. She is full of despair.
12. He is afraid to have lost his cat forever.
13. Suddenly, she sees a familiar face.
14. In the garden, he hears a familiar barking.
15. The barking of the dog is very loud.
16. The noise comes from the garden.
17. Then she discovers the cat in the park.
18. The dog wags its tail.
19. A big dog comes out of the shrubbery.
20. She embraces him. He embraces her.
21. He decides to talk to the owner.
22. She decides to go home.
23. Where is the owner of the second house?
24. Even though it is raining...; Even though it is cold...; Even though you are young...
25. The reunification of Germany was in 1990.

Mia und Peter

In einem alten Haus, **versteckt** unter einem **Holzfußboden** im **Erdgeschoss**, lebt eine kleine Maus mit dem Namen Mia. Ihr gemütliches Zuhause befindet sich im dunklen Keller, wo sie **sich** von den **Abfällen** der Bewohner des Hauses **ernährt**. Mia ist klug und geschickt und sie hat für sich eine kleine **Höhle** aus alten Zeitungen und **Stoffresten** gebaut. Das ist ihre „Wohnung".

Mias Leben ist wirklich nicht schlecht: Sie hat eine Wohnung, sie hat Essen, und das ist alles, was so eine kleine Maus zum Leben braucht. Aber Mia hat auch eine große Sorge: die schwarze Katze des Hauses, die **eigentlich** ein Kater ist, der Peter heißt. Peter ist **allgemein** bekannt für seine **Jagd** auf Mäuse. Mia hat schon viele Geschichten von anderen Mäusen gehört, die Freunde und Verwandte verloren haben. Peter hat sie gefangen und **gefressen**! Also **verbringt** Mia ihre Tage in **ständiger** Angst vor Peter.

Eines Tages **wagt sich** Mia wieder einmal aus ihrer Höhle, um nach Futter zu suchen. Doch plötzlich hört sie das leise Miauen von Peter. Ihr Herz schlägt schneller – vor Angst! Aber sie beschließt, nicht zu **fliehen. So kann es nicht weiter gehen!** Immer nur Angst! Mia will mit dem Kater sprechen.

Mia steht an der Wand, gleich neben einem **Loch** in der Wand, wo sie verschwinden kann, **falls** Peter **versucht**, sie zu fangen. Sie schaut Peter an. „Peter, ich verstehe, dass du ein **Jäger** bist, aber ich bin nur eine kleine Maus, die nach etwas zu essen sucht. Können wir nicht einfach in Frieden zusammen leben?" fragt Mia mit **zitternder Stimme**.

Peter schaut die Maus skeptisch an, aber Mia spricht weiter: „Ich **verspreche** dir, ich werde dir nie Ärger machen, und vielleicht können wir sogar Freunde werden. Ich kann dir sichere **Verstecke** zeigen, wo dich die Hunde des Hauses nicht finden können."

Peter **denkt** einen Moment **nach**. Schließlich sagt er „Ja, gut". Er will Mia eine Chance geben. Die beiden beginnen, **sich** vorsichtig **näher zu kommen**, und dann erzählen sie sich gegenseitig Geschichten. Mia spricht von den Verstecken im Keller, und Peter von seinen **Abenteuern** als **selbständiger**, stolzer Kater.

Mit der Zeit **entwickeln** die ungleichen Tiere eine **seltsame** Freundschaft. Peter **schützt** Mia vor den anderen Katzen der Gegend, und Mia hilft Peter, versteckte Leckereien im Keller und in den anderen Wohnungen des Hauses zu finden. Das alte Haus wird zu einem Ort des Friedens, an dem eine Maus und eine Katze **beweisen**, dass Freundschaft auch zwischen den **ungewöhnlichsten** Tieren **blühen** kann.

Vokabeln:

versteckt – hidden

der Holzfußboden, die Holzfußböden – the wooden floor

das Erdgeschoss, die Erdgeschosse – the ground floor

sich ernähren (ernährte sich, hat sich ernährt) – to feed on, to live on/off

die Abfälle – the rest(s) (food; material); waste; leftover

die Höhle, die Höhlen – the cave

der Stoffrest, die Stoffreste – fabric remnant; leftover fabric

eigentlich – actually, in effect, rather/really

allgemein – in general, generally

die Jagd, die Jagden – the hunt

fressen (fraß, hat gefressen) – to eat *(this verb is usually used only for animals)*

verbringen – to spend *(when talking about time)*

ständig – constant

(sich) wagen – to dare

fliehen (floh, ist geflohen) – to flee

So kann es nicht weiter gehen! – This cannot go on like this!

das Loch, die Löcher – the hole

falls – in case

versuchen (versuchte, hat versucht) – to try

der Jäger, die Jäger – the hunter

zitternd – quivering, trembling

die Stimme, die Stimmen – the voice

versprechen (versprach, hat versprochen) – to promise

das Versteck, die Verstecke – the hiding place

nachdenken (dachte nach, hat nachgedacht) – to think it over; to think long and hard sich näher kommen – to get closer to each other

das Abenteuer, die Abenteuer – the adventure

selbständig – independent

entwickeln (entwickelte, hat entwickelt) – to develop

seltsam – strange, bizarre

schützen (schützte, hat geschützt) – to protect

beweisen (bewies, hat bewiesen) – to prove

ungewöhnlich – unusual

blühen (blühte, hat geblüht) – to bloom, to flourish

Please find the answers to the following questions in the text above and copy them in your notebook. Then compare your answers with the answer key at the end of the book:

1. Wo lebt die kleine Maus?
2. Wie heißt die Maus?
3. Wovon ernährt sie sich?
4. Was ist ihre „Wohnung"?
5. Was braucht eine kleine Maus zum Leben?
6. Was (oder wer) ist Mias große Sorge?
7. Wie heißt der Kater?
8. Wofür ist Peter allgemein bekannt?

9. Was hat Peter mit den Freunden und Verwandten anderer Mäuse gemacht?
10. Warum wagt sich Mia eines Tages wieder einmal aus ihrer Höhle?
11. Was hört sie plötzlich?
12. Will Mia jetzt fliehen? Oder was will sie tun?
13. Wo steht Mia?
14. Welchen Vorschlag macht Mia?
15. Was kann Mia Peter zeigen?
16. Was erzählen sie sich dann gegenseitig?
17. Wovon spricht Mia?
18. Wovon spricht Peter?
19. Vor wem schützt Peter Mia?
20. Wobei hilft Mia Peter?

Please fill in the gaps by using the new words. Don't look at the original text. You can look at the vocabulary list with the translated words, if necessary, but try first without. Finally, please compare your translation with the original text.

In einem alten Haus, _____ [hidden] unter einem _____ [wooden floor] im _____ [ground floor], lebt eine kleine Maus mit dem Namen Mia. Ihr gemütliches Zuhause befindet sich im dunklen Keller, wo sie sich von den

_____ [rests (of food)] der Bewohner des Hauses ernährt. Mia ist klug und geschickt und sie hat für sich eine kleine _____ [cave] aus alten Zeitungen und _____ [fabric rests] gebaut. Das ist ihre „Wohnung".

Mias Leben ist wirklich nicht schlecht: Sie hat eine Wohnung, sie hat Essen, und das ist alles, was so eine kleine Maus zum Leben braucht. Aber Mia hat auch eine große Sorge: die schwarze Katze des Hauses, die _____ [actually, in fact] ein Kater ist, der Peter heißt. Peter ist _____ [generally] bekannt für seine _____ [hunt] auf Mäuse. Mia hat schon viele Geschichten von anderen Mäusen gehört, die Freunde und Verwandte verloren haben. Peter hat sie gefangen und _____ [eaten]! Also _____ [spends] Mia ihre Tage in _____ [constant] Angst vor Peter.

Eines Tages _____ _____ [dares] Mia wieder einmal aus ihrer Höhle, um nach Futter zu suchen. Doch plötzlich hört sie das leise Miauen von Peter. Ihr Herz schlägt schneller – vor Angst! Aber sie beschließt, nicht zu _____ [flee]. _____ [This can't go on lke this]! Immer nur Angst! Mia will mit dem Kater sprechen.

Mia steht an der Wand, gleich neben einem
_____ [hole] in der Wand, wo sie
verschwinden kann, _____ [in case]
Peter _____ [tries], sie zu fangen. Sie
schaut Peter an. „Peter, ich verstehe, dass du ein
_____ [hunter] bist, aber ich bin nur
eine kleine Maus, die nach etwas zu essen sucht.
Können wir nicht einfach in Frieden zusammen leben?"
fragt Mia mit _____ [shaky]
_____ [voice].

Peter schaut die Maus skeptisch an, aber Mia spricht
weiter: „Ich _____ [promise] dir, ich
werde dir nie Ärger machen, und vielleicht können wir
sogar Freunde werden. Ich kann dir sichere
_____ [hiding places] zeigen, wo dich
die Hunde des Hauses nicht finden können."

Peter _____ [thinks...] einen Moment
_____ [...it over]. Schließlich sagt er „Ja,
gut". Er will Mia eine Chance geben. Die beiden
beginnen, _____ [to each other]
vorsichtig _____ [get closer], und dann
erzählen sie sich gegenseitig Geschichten. Mia spricht
von den Verstecken im Keller, und Peter von seinen
_____ [adventures] als
_____ [independent], stolzer Kater.

Mit der Zeit _____ [develop] die
ungleichen Tiere eine _____ [strange]
Freundschaft. Peter _____ [protects]
Mia vor den anderen Katzen der Gegend, und Mia hilft
Peter, versteckte Leckereien im Keller und in den
anderen Wohnungen des Hauses zu finden. Das alte
Haus wird zu einem Ort des Friedens, an dem eine
Maus und eine Katze _____ [prove],
dass Freundschaft auch zwischen den
_____ [most unusual] Tieren
_____ [bloom] kann.

**Please translate the following sentences. Use most
structures and phrases from the original text above
and change only, what needs to be changed or
added (or left out). If necessary, consult a dictionary.
Compare with the correct translation at the end of
the book:**

1. I am hidden.
2. The mouse lives underneath the floor.
3. I live on the ground floor.
4. These are rests of food.
5. She lives off the food rests.
6. There is a small cave in the park.
7. The rest of fabric is waste.

8. This cat is actually a tomcat.
9. This man is generally known in the town.
10. He is known for his hunt for mice.
11. The cat has eaten the mouse.
12. Mia spends her days at home.
13. I am spending my time with you.
14. your constant fear...; the constant barking of the dog...; her constant talking...
15. Mia dares (to come) out of her cave.
16. He dares to come out of the house.
17. She flees. They are fleeing.
18. This can't continue this way!
19. There is a hole in your pants.
20. only in case you are sick...; in case he is coming...; in case it rains...
21. He tries to catch her.
22. I am trying to read.
23. He is a hunter.
24. She speaks with a trembling voice.
25. I promise (it).
26. I promise you, I will come home.
27. Where is his hiding place?
28. He thinks long and hard.
29. They get closer to each other.
30. He talks about his adventures.
31. She is an independent cat.
32. They develop a friendship.

33. He is a strange man.
34. He protects her. She protects him. They protect their children.
35. I can prove it.
36. He is an unusual man. She is an unusual woman.
37. The flower is blooming.

Emma und Bubi

In einem kleinen Haus am **Rande** der Stadt lebt die **achtjährige** Emma mit ihrem lustigen **Kanarienvogel**. Der Vogel heißt Bubi. Bubi ist **leuchtend** gelb wie die Sonne. Sein fröhlicher **Gesang erfüllt** Emmas Zimmer mit viel Freude.

Eines Morgens, als Emma das Fenster öffnet, um frische Luft hereinzulassen, **geschieht** etwas **Unerwartetes**: Emma hat nicht **bemerkt**, dass die Tür des **Käfigs** offen ist. Bubi steht vor der Käfigtür und schaut hinaus durch das Fenster: Er schaut den blauen Himmel an und hört die anderen Vögel singen! Da **breitet** er plötzlich seine Flügel **aus** und fliegt mutig durch das Fenster hinaus. Emma rennt **verzweifelt** zum Fenster und ruft laut den Namen des Vogels. Aber es ist zu spät – Bubi ist bereits verschwunden.

Traurig und mit schwerem Herzen sitzt Emma viele Tage lang am Fenster und schaut **sehnsüchtig** hinaus. Ihre Hoffnung, den verlorenen Freund zu sehen, will nicht

sterben. Bubis Gesang und fröhliche **Begleitung** fehlen ihr sehr.

Doch dann, nach einigen traurigen Tagen mit vielen **Tränen**, geschieht ein **Wunder**: An einem regnerischen Nachmittag hört Emma ein leises **Klopfen** an ihrem **geschlossenen** Fenster. Als sie sich umdreht, kann sie fast nicht glauben, was sie sieht – Bubi sitzt auf dem Fensterbrett. Er klopft mit seinem **Schnabel** gegen die **Scheibe** und **scheint** darum zu bitten, hereingelassen zu werden.

Emma kann **vor Freude kaum atmen**. Sie öffnet das Fenster und Bubi fliegt sofort in das Zimmer und zurück zu seinem **vertrauten** Käfig. Der kleine Kanarienvogel **zwitschert** fröhlich, so als ob er erzählen will, wie groß die Welt draußen ist, aber auch, dass er nun lieber wieder in seinem **gemütlichen** Zuhause sein will.

Von diesem Tag an liebt Emma Bubi noch mehr als vorher. Sie kann jetzt verstehen, dass auch Vögel **Sehnsucht** nach Freiheit haben, aber das es für den kleinen Vogel doch nichts Besseres gibt als die Liebe und Wärme des Zuhauses bei Emma. Die beiden **verbringen** viele glückliche Jahre miteinander, und Bubis Gesang **erinnert** Emma immer daran, was **wahre** Freiheit **bedeutet**.

Vokabeln:

der Rand, die Ränder – the edge

achtjährig (*used as an adjective*) – eight years old

der Kanarienvogel, die Kanarienvögel – the canary

leuchten – to shine, glow

der Gesang, die Gesänge – the singing

erfüllen – to fulfill, to complete, to fill

geschehen (es geschah, es ist geschehen) – to happen

unerwartet – unexpected

bemerken (bermerkte, hat bemerkt) – to realize, to discover

der Käfig, die Käfige – the cage

ausbreiten (breitete aus, hat ausgebreitet) – to spread

verzweifelt – desperate

sehnsüchtig – longing(ly), yearning(ly)

sterben (starb, ist gestorben) – to die

die Begleitung, die Begleitungen – the companionship, the company (of another person)

die Träne, die Tränen – the tear

das Wunder, die Wunder – the miracle

klopfen (klopfte, hat geklopft) – to knock

geschlossen – closed, locked

der Schnabel, die Schnäbel – the beak

die Scheibe, die Scheiben – pane, slice, disc

scheinen (schien, hat geschienen) – to seem, to appear; to shine

vor Freude – out of (pure) joy

kaum – barely

atmen (atmete, hat geatmet) – to breath

vertraut – familiar

zwitschern (zwitscherte, hat gezwitschert) – (sound of birds:) to chirp, to tweet, to chitter

gemütlich – cozy, comfortable, homely

die Sehnsucht, die Sehnsüchte – the longing, yearning

verbringen (verbrachte, hat verbracht) – to spend (when talking about: time)

erinnern (erinnerte, hat erinnert) – (*hier:*) to remind

wahr – true, genuine

bedeuten (bedeutete, hat bedeutet) – to mean, to signify

Please find the answers to the following questions in the text above and copy them in your notebook. Then compare your answers with the answer key at the end of the book:

1. Wo leben Emma und ihr Kanarienvogel?
2. Wie heißt der Vogel?
3. Welche Farbe hat der Kanarienvogel?
4. Warum öffnet Emma eines Tages das Fenster?
5. Was hat Emma nicht bemerkt?
6. Wo steht Bubi?
7. Was schaut er an?
8. Wohin fliegt Bubi dann?
9. Wohin rennt Emma verzweifelt?
10. Wo sitzt Emma dann viele Tage lang?
11. Was will nicht sterben?
12. Was fehlt ihr sehr?
13. Was hört Emma eines Tages?
14. Was (oder wen) sieht sie, als sie sich umdreht?
15. Was macht Bubi auf dem Fensterbrett?
16. Was tut Bubi, als Emma das Fenster öffnet?
17. Was will der kleine Kanarienvogel erzählen?
18. Was kann Emma jetzt verstehen?

19. Wie viel Zeit verbringen die beiden dann miteinander?
20. Woran erinnert Bubis Gesang Emma?

Please fill in the gaps by using the new words. Don't look at the original text. You can look at the vocabulary list with the translated words, if necessary, but try first without. Finally, please compare your translation with the original text.

In einem kleinen Haus am _____ [edge]
der Stadt lebt die _____ [eight-year old]
Emma mit ihrem lustigen _____ [canary].
Der Vogel heißt Bubi. Bubi ist _____
[shiny] gelb wie die Sonne. Sein fröhlicher
_____ [singing] _____ [fills]
Emmas Zimmer mit viel Freude.

Eines Morgens, als Emma das Fenster öffnet, um
frische Luft hereinzulassen, _____
[happens] etwas _____ [unexpected]:
Emma hat nicht _____ [realized], dass die
Tür des _____ [cage] offen ist. Bubi steht
vor der Käfigtür und schaut hinaus durch das Fenster:
Er schaut den blauen Himmel an und hört die anderen
Vögel singen! Da _____ [spreads] er
plötzlich seine Flügel _____ und fliegt mutig durch

das Fenster hinaus. Emma rennt _____
[desperately] zum Fenster und ruft laut den Namen des
Vogels. Aber es ist zu spät – Bubi ist bereits
verschwunden.

Traurig und mit schwerem Herzen sitzt Emma viele Tage
lang am Fenster und schaut _____
[longingly] hinaus. Ihre Hoffnung, den verlorenen
Freund zu sehen, will nicht _____ [die].
Bubis Gesang und fröhliche _____
[company] fehlen ihr sehr.

Doch dann, nach einigen traurigen Tagen mit vielen
_____ [tears], geschieht ein
_____ [miracle]: An einem regnerischen
Nachmittag hört Emma ein leises _____
[knocking] an ihrem _____ [closed]
Fenster. Als sie sich umdreht, kann sie fast nicht
glauben, was sie sieht – Bubi sitzt auf dem
Fensterbrett. Er klopft mit seinem _____
[beak] gegen die _____ [window pane]
und _____ [seems] darum zu bitten,
hereingelassen zu werden.

Emma kann _____ [out of joy]
_____ [barely] _____
[breath]. Sie öffnet das Fenster und Bubi fliegt sofort in
das Zimmer und zurück zu seinem _____

[familiar] Käfig. Der kleine Kanarienvogel
_____ [chirps] fröhlich, so als ob er
erzählen will, wie groß die Welt draußen ist, aber auch,
dass er nun lieber wieder in seinem _____
[comfortable] Zuhause sein will.

Von diesem Tag an liebt Emma Bubi noch mehr als
vorher. Sie kann jetzt verstehen, dass auch Vögel
_____ [longing] nach Freiheit haben, aber
das es für den kleinen Vogel doch nichts Besseres gibt
als die Liebe und Wärme des Zuhauses bei Emma. Die
beiden _____ [spend] viele glückliche
Jahre miteinander, und Bubis Gesang
_____ [reminds] Emma immer daran, was
_____ [genuine] Freiheit
_____ [means].

**Please translate the following sentences. Use most
structures and phrases from the original text above
and change only, what needs to be changed or
added (or left out). If necessary, consult a dictionary.
Compare with the correct translation at the end of
the book:**

1. I live at the edge of town.
2. That's an eight-year-old child.
3. He is a ten-year-old boy.

4. Emma has a funny canary.
5. The light is shining. The moon shines at night.
6. Her singing makes me happy.
7. It fills me with lots of joy.
8. Suddenly, something happens.
9. What has happened?
10. This is unexpected.
11. Something unexpected has happened.
12. She has not realized it.
13. Did you realize that the door is open?
14. The cage is standing on the table.
15. The bird spreads its wings.
16. She is desperate.
17. He looks longingly outside.
18. The canary does not want to die.
19. I am in good company.
20. I see tears on her face.
21. That's a miracle!
22. I hear a knocking at the door.
23. The window is closed. The door is closed as well.
24. The bird has a small beak.
25. It knocks against the window pane.
26. He seems to sleep. It seems to be cold.
27. I can barely speak, out of joy.
28. This street seems familiar (to me).
29. The bird is chirping.
30. He is sitting on his comfortable sofa.

31. He feels a longing for freedom.
32. They spend many years in Paris.
33. He reminds me of my brother.
34. true friendship...; true love...; true freedom...
35. What does this mean?
36. This word means "house" in German.

Timmy und Trudi

In einem gemütlichen Haus am Rande der Stadt lebt Timmy mit seiner besonderen Freundin, einer **Schildkröte**. Sie heißt Trudi. Trudi ist eine **lebhafte** Schildkröte, die normalerweise fröhlich durch ihr **Terrarium** wandert und an **saftigen Salatblättern knabbert**. Doch eines Tages **bemerkt** Timmy, dass Trudi ihren Appetit verloren hat. Die Leckereien, die sie sonst so gern isst, bleiben im Terrarium liegen.

Timmy macht sich Sorgen um seine Schildkröte. Also **beschließt** er, Trudi zu einem Arzt zu bringen. Dr. Müller, der freundliche Tierarzt, **untersucht** Trudi gründlich. Nach einigen Tests sagt er, dass Trudi gesund ist, aber dass sie **irgendetwas** zu **beunruhigen** scheint.

Als er wieder zu Hause ist, denkt Timmy darüber nach, wie er seiner traurigen Schildkröte helfen kann. Er schaut das Terrarium an, in dem die Schildkröte wohnt. Das Glas sieht **schmutzig** aus und in dem Terrarium ist

Unordung: Reste von Essen, kleine Spielzeuge, Steine und trockene Pflanzen liegen alle **durcheinander**. Timmy denkt, dass er das Terrarium **aufräumen** und sauber machen muss. Dann **erinnert** er **sich** auch daran, dass Trudi immer besonders glücklich ist, wenn sie in ihrem Terrarium kleine **Verstecke** hat. Timmy beschließt, alles sauber zu machen und auch ein neues Versteck für Trudi zu bauen, voll mit **bunten** Steinen und einer gemütlichen Höhle.

Als er Trudi in das neu **gestaltete**, saubere Terrarium setzt, scheint sich etwas zu **verändern**. Die Schildkröte schaut sich **neugierig** um und beginnt dann langsam, sich zu bewegen und die neue Höhle zu untersuchen. Timmy sieht, wie Trudi an einem besonders bunten Stein **schnuppert** und schließlich beginnt, wieder an dem Essen in dem Terrarium zu knabbern.

Timmy freut sich sehr. Er hat also herausgefunden, dass **sich** Trudi in ihrer alten **Umgebung** nicht mehr **wohlgefühlt** hat. Aber jetzt, durch das neu gestaltete Terrarium, hat sie ihre Neugier und Freude am Leben wiedergefunden. Die beiden verbringen nun glückliche Tage miteinander und Trudi **genießt** wieder alle ihre Lieblingsspeisen.

Timmy hat nicht nur seine Schildkröte **gerettet**, sondern er hat auch gelernt, wie wichtig es ist, auf die

Veränderungen im Verhalten seines Tieres richtig zu reagieren. Auch Tiere wollen in einer **liebevollen** Umgebung leben.

Vokabeln:

die Schildkröte, die Schildkröten – the turtle, tortoise

lebhaft – lifely, animated

das Terrarium, die Terrarien – terrarium

saftig – juicy

das Salatblatt, die Salatblätter – lettuce leaf

knabbern – to nibble

bemerken (bemerkte, hat bemerkt) – to realize

beschließen (beschloss, hat beschlossen) – to decide

untersuchen – to examine

irgendetwas – anything; something or other

beunruhigen (beunruhigte, hat beunruhigt) – to worry, to unsettle, to trouble

schmutzig – dirty

durcheinander – topsy-turvy, disordered, confused

aufräumen (räumte auf, hat aufgeräumt) – to make order, to tidy up

sich erinnern (erinnerte sich, hat sich erinnert) – to remember

das Versteck, die Verstecke – hiding place

bunt – colorful, multicolored

gestalten (gestaltete, hat gestaltet) – to design, to arrange, to create

verändern (veränderte, hat verändert) – to change, to alter

neugierig – nosy, curious

schnuppern – to sniff

die Umgebung, die Umgebungen – surrounding

sich wohlfühlen (fühlte sich wohl, hat sich wohlgefühlt) – to feel good, to feel comfortable

genießen (genoss, hat genossen) – to enjoy

retten (rettete, hat gerettet) – to rescue, to save from danger

liebevoll – full of love, caring, loving

Please find the answers to the following questions in the text above and copy them in your notebook. Then compare your answers with the answer key at the end of the book:

1. Wo lebt Timmy mit seiner besonderen Freundin?
2. Wer ist die besondere Freundin?
3. Wie heißt sie?
4. Was macht Trudi normalerweise?
5. Was bemerkt Timmy eines Tages?
6. Was bleibt jetzt im Terrarium liegen?
7. Was beschließt Timmy?
8. Was macht der freundliche Tierarzt, Dr. Müller?
9. Was sagt Dr. Müller dann?
10. Wie sieht das Terrarium aus?
11. Woran erinnert sich Timmy?
12. Was beschließt Timmy also jetzt?
13. Was scheint zu passieren, als er Trudi in das neu gestaltete Terrarium setzt?
14. Was tut die Schildkröte jetzt im Terrarium?
15. Woran schnuppert Trudi?
16. Woran knabbert Trudi dann?
17. Was hat Timmy also herausgefunden?
18. Wodurch hat Trudi ihre Neugier und Freude am Leben wiedergefunden?
19. Was genießt Trudi nun wieder?
20. Was hat Timmy gelernt?
21. Was wollen auch die Tiere?

Please fill in the gaps by using the new words. Don't look at the original text. You can look at the vocabulary list with the translated words, if necessary, but try first without. Finally, please compare your translation with the original text.

In einem gemütlichen Haus am Rande der Stadt lebt Timmy mit seiner besonderen Freundin, einer _____ [turtle]. Sie heißt Trudi. Trudi ist eine _____ [lively] Schildkröte, die normalerweise fröhlich durch ihr _____ [terrarium] wandert und an _____ [juicy] _____ [lettuce leaves] _____ [nibbles]. Doch eines Tages _____ [realizes] Timmy, dass Trudi ihren Appetit verloren hat. Die Leckereien, die sie sonst so gern isst, bleiben im Terrarium liegen.

Timmy macht sich Sorgen um seine Schildkröte. Also _____ [decides] er, Trudi zu einem Arzt zu bringen. Dr. Müller, der freundliche Tierarzt, _____ [examines] Trudi gründlich. Nach einigen Tests sagt er, dass Trudi gesund ist, aber dass sie _____ [something or other] zu _____ [unsettle] scheint.

Als er wieder zu Hause ist, denkt Timmy darüber nach, wie er seiner traurigen Schildkröte helfen kann. Er schaut das Terrarium an, in dem die Schildkröte wohnt. Das Glas sieht _____ [dirty] aus und in dem Terrarium ist Unordung: Reste von Essen, kleine Spielzeuge, Steine und trockene Pflanzen liegen alle _____ [topsy-turvy]. Timmy denkt, dass er das Terrarium _____ [tidy up] und sauber machen muss. Dann _____ [remembers] er sich auch daran, dass Trudi immer besonders glücklich ist, wenn sie in ihrem Terrarium kleine _____ [hiding places] hat. Timmy beschließt, alles sauber zu machen und auch ein neues Versteck für Trudi zu bauen, voll mit _____ [multicolored] Steinen und einer gemütlichen Höhle.

Als er Trudi in das neu _____ [arranged], saubere Terrarium setzt, scheint sich etwas zu _____ [change]. Die Schildkröte schaut sich _____ [curiously] um und beginnt dann langsam, sich zu bewegen und die neue Höhle zu untersuchen. Timmy sieht, wie Trudi an einem besonders bunten Stein _____ [sniffs] und schließlich beginnt, wieder an dem Essen in dem Terrarium zu knabbern.

Timmy freut sich sehr. Er hat also herausgefunden, dass sich Trudi in ihrer alten _____ [surrounding] nicht mehr _____ [felt good] hat. Aber jetzt, durch das neu gestaltete Terrarium, hat sie ihre Neugier und Freude am Leben wiedergefunden. Die beiden verbringen nun glückliche Tage miteinander und Trudi _____ [enjoys] wieder alle ihre Lieblingsspeisen.

Timmy hat nicht nur seine Schildkröte _____ [saved], sondern er hat auch gelernt, wie wichtig es ist, auf die Veränderungen im Verhalten seines Tieres richtig zu reagieren. Auch Tiere wollen in einer _____ [caring] Umgebung leben.

Please translate the following sentences. Use most structures and phrases from the original text above and change only, what needs to be changed or added (or left out). If necessary, consult a dictionary. Compare with the correct translation at the end of the book:

1. Timmy lives with a turtle.
2. The turtle nibbles on juicy lettuce leaves.
3. Trudi has lost her appetite.
4. Timmy decides to visit an animal doctor (a vet).
5. The vet examines Trudi.
6. Trudi is worried.

7. The glass looks dirty.
8. Everything is topsy-turvy.
9. Timmy has to tidy up the terrarium.
10. Now I remember.
11. She has little hiding places in her garden.
12. Her shirt is multicolored.
13. The terrarium is now newly arranged.
14. Something has changed.
15. He is a nosy person.
16. The cat sniffs at the milk.
17. They live in a beautiful surrounding.
18. I felt good yesterday.
19. I enjoy my favorite food.
20. She saves the old dog.
21. She is a caring woman.

Andrea und Tommy

In einem gemütlichen Haus in einem kleinen Dorf leben die **Geschwister** Andrea und Tommy mit ihrem lebendigen **Meerschweinchen namens** Effi. Effi ist neugierig und liebt es, aus dem Käfig zu **schlüpfen** und im Zimmer **herumzulaufen.** Für Andrea und Tommy ist es immer ein großes Abenteuer, Effi wieder **einzufangen**, denn das clevere Meerschweinchen findet immer wieder neue Verstecke.

Eines Tages, als Andrea und Tommy von der Schule nach Hause kommen, **stellen** sie **fest**, dass Effi wieder einmal aus ihrem Käfig entkommen ist. **Seufzend** beginnen sie mit ihrer Suche. Andrea durchsucht den **Fußboden** des Zimmers nach den **üblichen** Verstecken, während Tommy versucht, das Tier hinter den **Möbeln** und **Gardinen** zu **entdecken.**

Stunden **vergehen**, und **trotz** ihrer **Bemühungen** ist von Effi **keine Spur** zu sehen. Die Geschwister sind müde und frustriert. Sie beschließen, ihre **Strategie** zu **ändern**.

Andrea **durchsucht** jetzt allein das ganze Zimmer. Tommy **bereitet** inzwischen den Käfig **vor**: Er macht ihn sauber, legt die Lieblingsspeisen von Effi in den Käfig und **davor**, **gießt** auch frisches Wasser in den **Napf** – und wartet.

Plötzlich hören sie ein leises **Rascheln** hinter dem Bücherregal. Andrea und Tommy **sehen sich an**: Effi muss dort sein! Gemeinsam **schieben** sie das Regal **beiseite** und entdecken das Meerschweinchen, das friedlich in einer Ecke sitzt und sie anschaut.

Erleichtert heben sie Effi auf und bringen sie zurück in ihren Käfig. Das Meerschweinchen macht leise, **zufriedene** Geräusche und **schnuppert** an dem frischen **Gemüse**. Andrea und Tommy sehen sich wieder an und wissen jetzt, dass sie als Team immer eine **Lösung** finden können.

Ab jetzt **teilen** sie **sich** die Aufgaben, wenn Effi wieder einmal wegläuft, und ihre Geschwisterliebe wird immer stärker, wenn sie gemeinsam für das **Wohl** ihres Meerschweinchens **sorgen**.

Vokabeln:

die Geschwister – siblings

das Meerschweinchen, die Meerschweinchen – guinea pig

namens – called; with the name of

schlüpfen (schlüpfte, geschlüpft) – to slip (*away*)

herumlaufen (lief herum, ist herumgelaufen) – to run around

einfangen (fing ein, hat eingefangen) – to catch (again)

feststellen (stellte fest, hat festgestellt) – to determine, to realize

seufzen (seufzte, hat geseufzt) – to sigh

der Fußboden, die Fußböden – floor (of a room), flooring

üblich – usual

das Möbel, die Möbel – piece of furniture

die Gardine, die Gardinen – curtain, drape (usually in front of the window)

vergehen (verging, ist vergangen) – to pass (*when speaking about time*)

trotz – in spite of

die Bemühung, die Bemühungen – effort

keine Spur (von) – no sign (of)

die Strategie, die Strategien – strategy

ändern (änderte, hat geändert) – to change

durchsuchen (durchsuchte, hat durchsucht) – to (carefully) search (a place)

vorbereiten (bereitete vor, hat vorbereitet) – to prepare

davor – (*here:*) in front of it

gießen (goss, hat gegossen) – to pour

der Napf, die Näpfe – bowl, cup (*usually for animals*)

rascheln (raschelte, hat geraschelt) – to rustle

sich ansehen (sah sich an, hat sich angesehen) – to look at each other

schieben (schob, hat geschoben) – to move (*by pushing*)

beiseite – aside, to the side

entdecken (entdeckte, hat entdeckt) – to discover

erleichtert – relieved

zufrieden – satisfied, content

schnuppern (schnupperte, hat geschuppert) – to sniff

das Gemüse – vegetable

die Lösung, die Lösungen – the solution

(sich) teilen (teilte, hat geteilt) – to share

das Wohl – the good (of)

sorgen (sorgte, hat gesorgt) – to care for

Please find the answers to the following questions in the text above and copy them in your notebook. Then compare your answers with the answer key at the end of the book:

1. Wo leben die Geschwister?
2. Wie heißt ihr Meerschweinchen?
3. Was liebt Effi?
4. Was ist immer ein großes Abenteuer für Andrea und Tommy?
5. Was stellen Andrea und Tommy eines Tages fest?
6. Was durchsucht Andrea?
7. Was versucht Tommy?
8. Was beschließen sie dann?
9. Was bereitet Tommy vor?
10. Wohin legt Tommy die Lieblingsspeise von Effi?

11. Was gießt er in den Napf?
12. Was hören sie plötzlich hinter dem Bücherregal?
13. Was macht das Meerschweinchen, als sie das Regal beiseite schieben?
14. Wohin bringen sie Effi dann?
15. Woran schnuppert Effi?
16. Was wissen Andrea und Tommy jetzt?
17. Was tun die Geschwister ab jetzt, wenn Effi wieder einmal wegläuft?
18. Wofür sorgen sie jetzt immer gemeinsam?

Please fill in the gaps by using the new words. Don't look at the original text. You can look at the vocabulary list with the translated words, if necessary, but try first without. Finally, please compare your translation with the original text.

In einem gemütlichen Haus in einem kleinen Dorf leben die _____ [siblings] Andrea und Tommy mit ihrem lebendigen Meerschweinchen _____ [called] Effi. Effi ist ein neugierig und liebt es, aus dem Käfig zu _____ [slip (away)] und im Zimmer _____ [walk around]. Für Andrea und Tommy ist es immer ein großes Abenteuer, Effi wieder _____ [catch], denn das clevere Meerschweinchen findet immer wieder neue Verstecke.

Eines Tages, als Andrea und Tommy von der Schule nach Hause kommen, _____ [realize] sie, dass Effi wieder einmal aus ihrem Käfig entkommen ist. _____ [sighing / with a sigh] beginnen sie mit ihrer Suche. Andrea durchsucht den _____ [floor] des Zimmers nach den _____ [usual] Verstecken, während Tommy versucht, das Tier hinter den _____ [pieces of furniture] und _____ [curtains] zu _____ [discover].

Stunden _____ [pass by], und _____ [in spite] ihrer _____ [efforts] ist von Effi _____ [no trace] zu sehen. Die Geschwister sind müde und frustriert. Sie beschließen, ihre _____ [strategy] zu _____ [change].

Andrea _____ [search carefully] jetzt allein das ganze Zimmer. Tommy _____ [prepares] inzwischen den Käfig _____: Er macht ihn sauber, legt die Lieblingsspeisen von Effi in den Käfig und _____ [in front of it], _____ [pours] auch frisches Wasser in den _____ [bowl] – und wartet.

Plötzlich hören sie ein leises _____ [rustling] hinter dem Bücherregal. Andrea und Tommy

_____ [look at each other]: Effi muss dort sein! Gemeinsam _____ [push] sie das Regal _____ [to the side] und _____ [discover] das Meerschweinchen, das friedlich in einer Ecke sitzt und sie anschaut.

_____ [relieved] heben sie Effi auf und bringen sie zurück in ihren Käfig. Das Meerschweinchen macht leise, _____ [satisfied] Geräusche und _____ [sniffs] an dem frischen _____ [vegetable]. Andrea und Tommy sehen sich wieder an und wissen jetzt, dass sie als Team immer eine _____ [solution] finden können.

Ab jetzt _____ [share] sie sich die Aufgaben, wenn Effi wieder einmal wegläuft, und ihre Geschwisterliebe wird immer stärker, wenn sie gemeinsam für das _____ [well-being] ihres Meerschweinchens _____ [care].

Please translate the following sentences. Use most structures and phrases from the original text above and change only, what needs to be changed or added (or left out). If necessary, consult a dictionary. Compare with the correct translation at the end of the book:

1. Tim and Tom are siblings.
2. This is a guinea pig called (with the name of) Peter.
3. The cat slips out of the room.
4. They have caught the dog again.
5. They realize that the dog is sleeping.
6. A newspaper is lying on the floor.
7. He sits on his usual chair.
8. The room has many pieces of furniture and curtains.
9. Hours have passed.
10. In spite of my efforts, I cannot find him.
11. We have to change our strategy.
12. They have discovered a new bird.
13. They search the entire room.
14. Mother prepares the food.
15. There is the cage. The canary is sitting in front of it.
16. She pours milk into the cup.
17. Tim and Tom look at each other.
18. She pushes the small car under the bed.
19. We have to find a solution.
20. I am satisfied with the text.
21. Do you like fresh vegetables?
22. I am really relieved that you are not sick anymore.

Lisa und Alexander

Das Mädchen Lisa lebt in einem kleinen Haus auf einem Berg. Lisa und ihr **Kaninchen** Alexander lieben es, draußen in der Natur zu spielen und neue **Abenteuer** zu **erleben**. Eines Tages beschließen sie, einen **Ausflug** in den **nahegelegenen** Park zu machen, um gemeinsam Zeit an der frischen Luft zu verbringen.

Während sie im Park sind, bemerken Lisa und Alexander plötzlich, dass ein **heftiger Sturm** kommt. Dunkle Wolken stehen am Himmel, und der Wind beginnt heftig zu **wehen**. Lisa denkt, dass es besser ist, so schnell wie möglich nach Hause zu gehen, um sicher zu sein.

Doch als sie sich auf den Weg machen, **geraten** sie in einen starken Regenschauer. Lisa und Alexander **eilen** so schnell wie möglich, um **Schutz** zu finden, aber sie **sind** bereits **durchnässt** bis auf die Haut.

Mit einem **Seufzer** der Erleichterung entdecken sie schließlich eine kleine **Höhle** in einem **Felsen** im Park, die ihnen Schutz vor dem Regen **bietet**. Lisa und Alexander **kauern sich** zusammen, um sich vor der Kälte und dem Regen zu **schützen**, und warten **geduldig** darauf, dass der Sturm zu Ende geht.

Nach einer Weile **lässt** der Regen wirklich **nach**, und die Sonne scheint wieder durch die Wolken. Lisa und Alexander machen sich auf den **Heimweg**, glücklich, dass sie gemeinsam den Sturm **überstanden** haben.

Zu Hause angekommen, **trocknet** Lisa zuerst sich und dann das Kaninchen, und dann machen sie es sich gemütlich. Lisa ist **dankbar**, dass sie in schwierigen Situationen immer für Alexander sorgen kann und dass sie gemeinsam jede **Herausforderung meistern** können.

Dieses Abenteuer erinnert Lisa auch daran, wie wichtig es ist, **füreinander da zu sein** und sich **gegenseitig** zu **unterstützen**, besonders in Zeiten von Problemen.

Vokabeln:

das Kaninchen – rabbit, bunny

das Abenteuer, die Abenteuer – adventure

erleben (erlebte, hat erlebt) – to experience

der Ausflug, die Ausflüge – trip, excursion

nahegelegen – close by (*as an adjective*)

heftig – fierce, violent, very strong

der Sturm, die Stürme – the storm

wehen (wehte, hat geweht) – to blow

doch – (here:) however

geraten (geriet, ist geraten) – to get into, to get caught by

eilen (eilte, ist geeilt) – to hurry

der Schutz – protection

durchnässt sein – to be drenched, soaking

der Seufzer, die Seufzer – the sigh

die Höhle, die Höhlen – cave

de Felsen, die Felsen – the rock

bieten (bot, hat geboten) – to offer

sich kauern – to crouch, to hunker down

schützen (schützte, hat geschützt) – to protect

geduldig – patient(ly)

nachlassen (ließ nach, hat nachgelassen) – to subside (e.g. pain, storm, rain)

der Heimweg, die Heimwege – the way home

überstehen (überstand, hat überstanden) – to pull through

trocknen (trocknete, hat getrocknet) – to dry

dankbar – thankful, grateful

die Herausforderung, die Herausforderungen – challenge

meistern (meisterte, hat gemeistert) – to master (a task), to handle well (a situation)

füreinander da sein – to be there for each other

gegenseitig – each other

unterstützen (unterstützte, hat unterstützt) – to support

Please find the answers to the following questions in the text above and copy them in your notebook. Then compare your answers with the answer key at the end of the book:

1. Wo leben Lisa und das Kaninchen?
2. Wie heißt das Kaninchen?

3. Was beschließen sie eines Tages?
4. Was bemerken sie plötzlich?
5. Wie sieht der Himmel aus?
6. Was denkt Lisa in diesem Moment?
7. Was passiert, als sie sich auf den Weg machen?
8. Was wollen Lisa und Alexander so schnell wie möglich finden?
9. Was entdecken sie schließlich?
10. Wo ist die Höhle?
11. Worauf warten sie geduldig?
12. Was scheint bald wieder durch die Wolken?
13. Warum sind Lisa und Alexander jetzt glücklich?
14. Was macht Lisa, als sie zu Hause ankommt?
15. Wofür ist Lisa dankbar?
16. Woran erinnert das Abenteur Lisa?

Please fill in the gaps by using the new words. Don't look at the original text. You can look at the vocabulary list with the translated words, if necessary, but try first without. Finally, please compare your translation with the original text.

Das Mädchen Lisa lebt in einem kleinen Haus auf einem Berg. Lisa und ihr _____ [rabbit] Alexander lieben es, draußen in der Natur zu spielen

und neue _____ [adventures] zu
_____ [experience]. Eines Tages
beschließen sie, einen _____
[excursion] in den _____ [close-by]
Park zu machen, um gemeinsam Zeit an der frischen
Luft zu verbringen.

Während sie im Park sind, bemerken Lisa und
Alexander plötzlich, dass ein _____
[strong] _____ [Storm] kommt. Dunkle
Wolken stehen am Himmel, und der Wind beginnt
heftig zu _____ [blow]. Lisa denkt, dass
es besser ist, so schnell wie möglich nach Hause zu
gehen, um sicher zu sein.

_____ [however] als sie sich auf den
Weg machen, _____ [get caught by]
sie in einen starken Regenschauer. Lisa und Alexander
_____ [hurry] so schnell wie möglich,
um _____ [protection] zu finden, aber
sie sind bereits _____ [drenched] bis
auf die Haut.

Mit einem _____ [sigh] der
Erleichterung entdecken sie schließlich eine kleine
_____ [cave] in einem
_____ [rock] im Park, die ihnen Schutz
vor dem Regen _____ [offers]. Lisa und

Alexander _____ [hunker down] zusammen, um sich vor der Kälte und dem Regen zu _____ [protect], und warten _____ [patiently] darauf, dass der Sturm zu Ende geht.

Nach einer Weile _____ [subsides] der Regen wirklich _____, und die Sonne scheint wieder durch die Wolken. Lisa und Alexander machen sich auf den _____ [way home], glücklich, dass sie gemeinsam den Sturm _____ [pulled through] haben.

Zu Hause angekommen, _____ [dries] Lisa zuerst sich und dann das Kaninchen, und dann machen sie es sich gemütlich. Lisa ist _____ [thankful], dass sie in schwierigen Situationen immer für Alexander sorgen kann und dass sie gemeinsam jede _____ [challenge] _____ [to master] können.

Dieses Abenteuer erinnert Lisa auch daran, wie wichtig es ist, _____ [to be there for each other] und sich _____ [each other] zu _____ [support], besonders in Zeiten von Problemen.

Please translate the following sentences. Use most structures and phrases from the original text above and change only, what needs to be changed or added (or left out). If necessary, consult a dictionary. Compare with the correct translation at the end of the book:

1. The tree is standing on a mountain.
2. The rabbit experiences many adventures.
3. We are going to the close-by park.
4. A strong storm is coming.
5. The wind is blowing on the mountain.
6. We get caught by the rain.
7. We hurry home.
8. We must find protection.
9. All children are drenched from the rain.
10. There is a rock with a cave in our park.
11. She offers me her hand.
12. I protect myself from the rain.
13. I wait patiently for my mother.
14. The rain has subsided.
15. We are on our way home.
16. Did you pull through the exam?
17. Lisa is drying the plates.
18. He always helps me. I am very grateful.
19. This is a big challenge.
20. You have handled the situation really well.

21. We have to be there for each other.
22. We have to support each other.

Luca und Rio

In einem kleinen Dorf am Rand eines kleinen Sees lebt ein Junge mit dem Namen Luca. Er hat einen wunderschönen **Papagei** namens Rio. Luca will Rio **unbedingt** das Sprechen **beibringen**, also **übt** er jeden Tag **geduldig** mit ihm. Doch trotz all seiner **Bemühungen** bleibt Rio **stumm** und sagt kein einziges Wort.

Luca **gibt** aber nicht **auf**. Er liest Rio Geschichten vor, spricht mit ihm und **wiederholt** Wörter immer wieder in der Hoffnung, dass der Papagei eines Tages spricht. Doch die Wochen **vergehen**, und Rio bleibt stumm, was Luca immer mehr **frustriert**.

Eines Tages, als Luca draußen im Garten spielt und Rio auf seinem Käfig sitzt, **geschieht** etwas **Unerwartetes**. Ein Nachbar ruft nach seinem Hund, und Luca hört plötzlich Rios Stimme. „Hier, Fido, hier!", ruft Rio laut und deutlich.

Luca kann es **kaum** glauben. Rio hat **tatsächlich** gesprochen! Voller Freude läuft Luca zu Rio und

streichelt ihn. „Das hast du **großartig** gemacht, Rio!", ruft Luca, während er vor Freude **strahlt**.

Von diesem Tag an spricht Rio immer wieder in unerwarteten Momenten. Er wiederholt die Wörter, die er von Luca und dem Nachbarn hört, und beginnt **sogar**, neue Wörter von anderen Leuten zu lernen. Luca ist **überglücklich**, dass sein bester Freund endlich zu sprechen begonnen hat, und die beiden **teilen** jetzt viele **lustige** Momente miteinander.

Die Geschichte von Luca und Rio **verbreitet** sich auch im Dorf, und viele Leute kommen, um den sprechenden Papagei zu sehen. Doch für Luca und Rio ist das Wichtigste, dass sie eine **enge Beziehung** haben, die durch die Freude am Sprechen noch stärker wird.

Vokabeln:

der Papagei, die Papageien – parrot

unbedingt – at all costs, desperately

beibringen (brachte bei, hat beigebracht) – to teach (something to someone)

üben (übte, hat geübt) – to practice

geduldig – patient(ly)

die Bemühung, die Bemühungen – the effort

stumm – dumb, mute, silent

aufgeben (gab auf, hat aufgegeben) – to give up

wiederholen (wiederholte, hat wiederholt) – to repeat

vergehen (verging, ist vergangen) – to go by, to pass (when talking about time)

frustriert – frustrated

geschehen (geschah, ist geschehen) – to happen

unerwartet – unexpected

kaum – barely

tatsächlich – indeed

streicheln (streichelte, hat gestreichelt) – to stroke (a pet), to caress, to pet

großartig – excellent(ly), great(ly)

strahlen (strahlte, hat gestrahlt) – to beam

sogar – even

überglücklich – more than happy

teilen (teilte, hat geteilt) – to share

lustig – funny

verbreiten (verbreitete, hat verbreitet) – to spread, to distribute

eng – tight, narrow

die Beziehung, die Beziehungen – relation(ship)

Please find the answers to the following questions in the text above and copy them in your notebook. Then compare your answers with the answer key at the end of the book:

1. Wo lebt Luca?
2. Was ist sein Haustier?
3. Wie heißt der Papagei?
4. Was will Luca Rio unbedingt beibringen?
5. Was macht er also jeden Tag?
6. Gibt Luca auf?
7. Was liest Luca Rio vor?
8. Warum ist Luca immer mehr frustriert?
9. Was sagt Rio plötzlich, als Luca draußen im Garten spielt und Rio auf seinem Käfig sitzt?
10. Spricht Rio von diesem Tag an mehr?
11. Welche Wörter wiederholt Rio?
12. Warum ist Luca jetzt überglücklich?
13. Was teilen die beiden jetzt miteinander?
14. Wo verbreitet sich die Geschichte von Luca und Rio?

15. Warum kommen jetzt viele Leute?
16. Was ist für Luca und Rio das Wichtigste?

Please fill in the gaps by using the new words. Don't look at the original text. You can look at the vocabulary list with the translated words, if necessary, but try first without. Finally, please compare your translation with the original text.

In einem kleinen Dorf am Rand eines kleinen Sees lebt ein Junge mit dem Namen Luca. Er hat einen wunderschönen _____ [parrot] namens Rio. Luca will Rio _____ [at all cost] das Sprechen _____ [teach], also _____ [practices] er jeden Tag _____ [patiently] mit ihm. Doch trotz all seiner _____ [efforts] bleibt Rio _____ [mute] und sagt kein einziges Wort.

Luca _____ [gives up] aber nicht _____. Er liest Rio Geschichten vor, spricht mit ihm und _____ [repeats] Wörter immer wieder in der Hoffnung, dass der Papagei eines Tages spricht. Doch die Wochen _____ [pass], und Rio bleibt stumm, was Luca immer mehr _____ [frustrates].

Eines Tages, als Luca draußen im Garten spielt und Rio auf seinem Käfig sitzt, _____ [happens] etwas _____ [unexpected]. Ein Nachbar ruft nach seinem Hund, und Luca hört plötzlich Rios Stimme. „Hier, Fido, hier!", ruft Rio laut und deutlich.

Luca kann es _____ [barely] glauben. Rio hat _____ [indeed] gesprochen! Voller Freude läuft Luca zu Rio und _____ [strokes] ihn. „Das hast du _____ [excellent] gemacht, Rio!", ruft Luca, während er vor Freude _____ [beams].

Von diesem Tag an spricht Rio immer wieder in unerwarteten Momenten. Er wiederholt die Wörter, die er von Luca und dem Nachbarn hört, und beginnt _____ [even], neue Wörter von anderen Leuten zu lernen. Luca ist _____ [more than happy], dass sein bester Freund endlich zu sprechen begonnen hat, und die beiden _____ [share] jetzt viele _____ [funny] Momente miteinander.

Die Geschichte von Luca und Rio _____ [spreads] sich auch im Dorf, und viele Leute kommen, um den sprechenden Papagei zu sehen. Doch für Luca und Rio ist das Wichtigste, dass sie eine

_____ [tight] _____
[relationship] haben, die durch die Freude am
Sprechen noch stärker wird.

**Please translate the following sentences. Use most
structures and phrases from the original text above
and change only, what needs to be changed or
added (or left out). If necessary, consult a dictionary.
Compare with the correct translation at the end of
the book:**

1. I live at the edge of a large sea.
2. I have a green parrot.
3. I want to go at all costs to Paris.
4. She wants to teach me German.
5. I practice every day.
6. She is a patient woman.
7. Her efforts really help.
8. He remains mute.
9. I don't want to give up.
10. Something unexpected has happened.
11. I can barely open my eyes.
12. He is indeed from Berlin.
13. She caresses the dog.
14. That's a great idea!
15. The children are beaming!

16. Even my wife is sick.
17. I am more than happy that you are here.
18. They share a happy day with each other.
19. He spreads wrong information.
20. This street is very narrow.
21. Their relationship is really good.

ANSWER KEYS – ANTWORTEN

Max und Benny

1. Was wissen wir über das Wetter in dem kleinen Dorf?

   Es ist sonnig. (Es ist ein sonniger Nachmittag.)

2. Wie heißen der Junge und der kleine Hund?

   Der Junge heißt Max und der kleine Hund heißt Benny.

3. Wohin gehen Max und Benny oft, um zu spielen?

   Sie gehen oft hinaus in den Garten.

4. Wohin wirft Max den Ball?

   Max wirft den Ball weit, bis ans Ende des Gartens.

5. Was macht Benny mit dem Ball?

   Benny springt ihm hinterher und bringt ihn stolz wieder zurück.

6. Was passiert plötzlich mit Benny?

Plötzlich verschwindet Benny spurlos.

7. Wo sucht Max nach Benny?

Max sucht im ganzen Garten, unter Büschen und hinter Bäumen, im Schuppen und in den Blumenbeeten

8. Wie viel Zeit vergeht bei der Suche?
Minuten vergehen, dann eine halbe Stunde.

9. Wohin geht Max dann?

Er verlässt den Garten und geht in Richtung Dorf.

10. Was tut Max in dem Dorf?

Als er die ersten Häuser erreicht, klopft er an die Türen und fragt jeden, der seine Haustür öffnet, ob er Benny gesehen hat.

11. Wie viel Zeit ist bei der Suche vergangen?

Eine ganze Stunde.

12. Was fürchtet Max?

 Er fürchtet, seinen geliebten Hund für immer verloren zu haben.

13. Wohin setzt sich Max dann?

 Erschöpft setzt er sich auf eine Bank zwischen zwei Häusern

14. Was hört er plötzlich?

 Er hört plötzlich ein vertrautes Bellen.

15. Was sieht er dann in einem der Gärten?

 Er sieht einen Schatten, der sich bewegt.

16. Wo entdeckt er Benny?

 Er entdeckt Benny in einem Blumenbeet.

17. Was tut Benny, als er Max sieht?

 Benny wedelt freudig mit dem Schwanz, kommt auf ihn zu und springt an ihm hoch.

18. Woher kommt ein zweiter Hund?

    Aus dem Gebüsch kommt ein zweiter Hund.

19. Wie sieht der zweite Hund aus?

    Er ist größer, hat lange Beine und ein braunes Fell mit kurzen Haaren.

20. Was beschließt Max dann?

    Max beschließt, mit dem Besitzer des zweiten Hundes zu sprechen und ihn zu bitten, Benny von Zeit zu Zeit mit dem anderen Hund spielen zu lassen.

1. Es ist ein regnerischer Nachmittag in dem kleinen Dorf.
2. Max geht oft hinaus in den Garten, um mit seinem kleinen Dackel zu spielen.
3. Peter geht oft hinaus in den Park, um mit seinem Hund zu spielen.
4. Die beiden sind glücklich.
5. Auch heute spielen sie im Park.
6. Auch heute sitzen sie im Garten.

7. Plötzlich verschwindet mein Bruder spurlos.
8. Der Schuppen ist offen. Ist jemand im Schuppen?
9. Meine Katze ist weg, wie vom Erdboden verschluckt.
10. Stunden vergehen. Eine Minute vergeht. Das Jahr vergeht. Jahre vergehen.
11. Sie ist voll(er) Verzweiflung.
12. Er fürchtet, seine Katze für immer verloren zu haben.
13. Plötzlich sieht er ein vertrautes Gesicht.
14. Im Garten hört er ein vertrautes Bellen. (Er hört ein vertrautes Bellen im Garten.)
15. Das Bellen des Hunde ist sehr laut.
16. Das Geräusch kommt aus dem Garten.
17. Dann entdeckt sie die Katze im Park.
18. Der Hund wedelt mit dem Schwanz.
19. Ein großer Hund kommt aus dem Gebüsch.
20. Sie umarmt ihn. Er umarmt sie.
21. Er beschließt, mit dem Besitzer zu sprechen.
22. Sie beschließt, nach Hause zu gehen.
23. Wo ist der Besitzer des zweiten Hauses?
24. Obwohl es regnet... Obwohl es kalt ist... Obwohl du jung bist...
25. Die Wiedervereinigung Deutschlands (von Deutschland) war 1990.

Mia und Peter

1. Wo lebt die kleine Maus?

   In einem alten Haus, versteckt unter einem
   Holzfußboden im Erdgeschoss.

2. Wie heißt die Maus?

   Sie heißt Mia.

3. Wovon ernährt sie sich?

   Von den Abfällen der Bewohner des Hauses.

4. Was ist ihre „Wohnung"?

   Eine kleine Höhle aus alten Zeitungen und
   Stoffresten.

5. Was braucht so eine kleine Maus zum Leben?

   Eine Wohnung und Essen.

6. Was (oder wer) ist Mias große Sorge?

Mia hat eine große Sorge: die schwarze Katze des Hauses

7. Wie heißt der Kater?

Er heißt Peter.

8. Wofür ist Peter allgemein bekannt?

Peter ist allgemein bekannt für seine Jagd auf Mäuse.

9. Was hat Peter mit den Freunden und Verwandten anderer Mäuse gemacht?

Peter hat sie gefangen und gefressen.

10. Warum wagt sich Mia eines Tages wieder einmal aus ihrer Höhle?

Eines Tages wagt sich Mia wieder einmal aus ihrer Höhle, um nach Futter zu suchen.

11. Was hört sie plötzlich?

Plötzlich hört sie das leise Miauen von Peter.

12. Will Mia jetzt fliehen? Oder was will sie tun?

Sie beschließt, nicht zu fliehen... Mia will mit dem Kater sprechen.

13. Wo steht Mia?

Mia steht an der Wand, gleich neben einem Loch in der Wand.

14. Welchen Vorschlag macht Mia?

Sie fragt: „Können wir nicht einfach in Frieden zusammen leben?"

15. Was kann Mia Peter zeigen?

Mia kann Peter sichere Verstecke zeigen, wo ihn die Hunde des Hauses nicht finden können.

16. Was erzählen sie sich dann gegenseitig?

Dann erzählen sie sich gegenseitig Geschichten.

17. Wovon spricht Mia?

Mia spricht von den Verstecken im Keller.

18. Wovon spricht Peter?

Peter spricht von seinen Abenteuern als selbständiger, stolzer Kater.

19. Vor wem schützt Peter Mia?

Peter schützt Mia vor den anderen Katzen der Gegend.

20. Wobei hilft Mia Peter?

Mia hilft Peter, versteckte Leckereien im Keller und in den anderen Wohnungen des Hauses zu finden.

1. Ich bin versteckt.
2. Die Maus ist unter dem Fußboden.
3. Ich wohne (lebe) im Erdgeschoss.
4. Das sind Abfälle.
5. Sie lebt von Abfällen.
6. Es gibt eine kleine Höhle im Park.
7. Der Stoffrest ist (Die Stoffreste sind) Abfall.

8. Die Katze ist eigentlich ein Kater.
9. Dieser Mann ist allgemein bekannt in der Stadt.
10. Er ist bekannt für seine Jagd auf Mäuse.
11. Die Katze hat die Maus gefressen.
12. Mia verbringt ihre Tage zu Hause.
13. Ich verbringe meine Zeit mit dir.
14. deine ständige Angst...; das ständige Bellen des Hundes...; ihr ständiges Reden...
15. Mia wagt sich aus ihrer Höhle.
16. Er wagt sich aus dem Haus.
17. Sie flieht. Sie fliehen.
18. So kann es nicht weitergehen!
19. Da ist ein Loch in deiner Hose.
20. nur falls du krank bist...; falls er kommt...; falls es regnet...
21. Er versucht sie zu fangen.
22. Ich versuche zu lesen.
23. Er ist (ein) Jäger.
24. Sie spricht mit zitternder Stimme.
25. Ich verspreche (es).
26. Ich verspreche dir, ich werde nach Hause kommen.
27. Wo ist das Versteck?
28. Er denkt (lange) nach.
29. Sie kommen sich näher.
30. Er redet über seine Abenteuer.
31. Sie ist eine selbständige Katze.

32. Sie entwickeln eine Freundschaft.
33. Er ist ein seltsamer Mann.
34. Er schützt sie. Sie schützt ihn. Sie schützen ihre Kinder.
35. Ich kann es beweisen.
36. Er ist ein ungewöhnlicher Mann. Sie ist eine ungewöhnliche Frau.
37. Die Blume blüht.

Emma und Bubi

1. Wo leben Emma und ihr Kanarienvogel?

   In einem kleinen Haus am Rande der Stadt.

2. Wie heißt der Vogel?

   Er heißt Bubi.

3. Welche Farbe hat der Kanarienvogel?

   Bubi ist leuchtend gelb wie die Sonne.

4. Warum öffnet Emma eines Tages das Fenster?

   Sie öffnet das Fenster, um frische Luft hereinzulassen.

5. Was hat Emma nicht bemerkt?

   Emma hat nicht bemerkt, dass die Tür des Käfigs offen ist.

6. Wo steht Bubi?

Bubi steht vor der Käfigtür.

7. Was schaut er an?

Er schaut hinaus durch das Fenster: Er schaut den blauen Himmel an.

8. Wohin fliegt Bubi dann?

Er fliegt mutig durch das Fenster hinaus.

9. Wohin rennt Emma verzweifelt?

Emma rennt verzweifelt zum Fenster.

10. Wo sitzt Emma dann viele Tage lang?

Traurig und mit schwerem Herzen sitzt Emma viele Tage lang am Fenster

11. Was will nicht sterben?

Ihre Hoffnung, den verlorenen Freund zu sehen, will nicht sterben.

12. Was fehlt ihr sehr?

Bubis Gesang und fröhliche Begleitung fehlen ihr sehr.

13. Was hört Emma eines Tages?

An einem regnerischen Nachmittag hört Emma ein leises Klopfen an ihrem geschlossenen Fenster.

14. Was (oder wen) sieht sie, als sie sich umdreht?

Da ist Bubi, auf dem Fensterbrett

15. Was macht Bubi auf dem Fensterbrett?

Er klopft mit seinem Schnabel gegen die Scheibe und scheint darum zu bitten, hereingelassen zu werden.

16. Was tut Bubi, als Emma das Fenster öffnet?

Bubi fliegt sofort in das Zimmer und zurück zu seinem vertrauten Käfig.

17. Was will der kleine Kanarienvogel erzählen?

Er will erzählen, wie groß die Welt draußen ist,

aber auch, dass er nun lieber wieder in seinem gemütlichen Zuhause sein will.

18. Was kann Emma jetzt verstehen?

Sie kann jetzt verstehen, dass auch Vögel Sehnsucht nach Freiheit haben, aber das es für den kleinen Vogel doch nichts Besseres gibt als die Liebe und Wärme des Zuhauses bei Emma.

19. Wie viel Zeit verbringen die beiden dann miteinander?

Die beiden verbringen viele glückliche Jahre miteinander.

20. Woran erinnert Bubis Gesang Emma?

Bubis Gesang erinnert Emma immer daran, was wahre Freiheit bedeutet.

1. Ich lebe am Rand(e) der Stadt.
2. Das ist ein achtjähriges Kind.
3. Er ist ein zehnjähriger Junge.
4. Emma hat einen lustigen Kanarienvogel.

5. Das Licht leuchtet. Der Mond leuchtet in der Nacht.
6. Ihr Gesang macht mich glücklich.
7. Es erfüllt mich mit viel Freude.
8. Plötzlich geschieht etwas.
9. Was ist geschehen?
10. Das ist unerwartet.
11. Etwas Unerwartetes ist geschehen.
12. Sie hat es nicht bemerkt.
13. Hast du bemerkt, dass die Tür offen ist?
14. Der Käfig steht auf dem Tisch.
15. Der Vogel breitet seine Flügel aus.
16. Sie ist verzweifelt.
17. Er schaut sehnsüchtig hinaus.
18. Der Kanarienvogel will nicht sterben.
19. Ich bin in guter Begleitung.
20. Ich sehe Tränen auf ihrem Gesicht.
21. Das ist ein Wunder!
22. Ich höre ein Klopfen an der Tür.
23. Das Fester ist geschlossen. Die Tür ist auch geschlossen.
24. Der Vogel hat einen kleinen Schnabel.
25. Er klopft gegen die (Fenster-)Scheibe.
26. Er scheint zu schlafen. Es scheint kalt zu sein.
27. Ich kann vor Freude kaum sprechen.
28. Diese Straße sieht (mir) vertraut aus.
29. Der Vogel zwitschert.

30. Er sitzt auf seinem gemütlichen Sofa.
31. Er fühlt eine Sehnsucht nach Freiheit.
32. Sie verbringen viele Jahre in Paris.
33. Er erinnert mich an meinen Bruder.
34. Wahre Freundschaft...; wahre Liebe...; wahre Freiheit...
35. Was bedeutet das?
36. Diese Wort bedeutet „Haus" auf Deutsch.

Timmy und Trudi

1. Wo lebt Timmy mit seiner besonderen Freundin?

   In einem gemütlichen Haus am Rande der Stadt.

2. Wer ist die besondere Freundin?

   Eine Schildkröte.

3. Wie heißt sie?

   Sie heißt Trudi.

4. Was macht Trudi normalerweise?

   Normalerweise wandert sie fröhlich durch ihr Terrarium und knabbert an saftigen Salatblättern.

5. Was bemerkt Timmy eines Tages?

   Eines Tages bemerkt Timmy, dass Trudi ihren Appetit verloren hat.

6. Was bleibt jetzt im Terrarium liegen?

   Die Leckereien, die sie sonst so gern isst, bleiben im Terrarium liegen.

7. Was beschließt Trudi?

   Er beschließt, Trudi zu einem Arzt zu bringen.

8. Was macht der freundliche Tierarzt, Dr. Müller?

   Dr. Müller, der freundliche Tierarzt, untersucht Trudi gründlich.

9. Was sagt Dr. Müller dann?

   Nach einigen Tests sagt er, dass Trudi gesund ist, aber dass sie irgendetwas zu beunruhigen scheint.

10. Wie sieht das Terrarium aus?

   Das Glas sieht schmutzig aus und in dem Terrarium ist Unordung: Reste von Essen, kleine Spielzeuge, Steine und trockene Pflanzen liegen alle durcheinander.

11. Woran erinnert sich Timmy?

Er erinnert sich daran, dass Trudi immer besonders glücklich ist, wenn sie in ihrem Terrarium kleine Verstecke hat.

12. Was beschließt Timmy also jetzt?

Timmy beschließt, alles sauber zu machen und auch ein neues Versteck für Trudi zu bauen, voll mit bunten Steinen und einer gemütlichen Höhle.

13. Was scheint zu passieren, als er Trudi in das neu gestaltete Terrarium setzt?

Als er Trudi in das neu gestaltete, saubere Terrarium setzt, scheint sich etwas zu verändern.

14. Was tut die Schildkröte jetzt im Terrarium?

Die Schildkröte schaut sich neugierig um und beginnt dann langsam, sich zu bewegen und die neue Höhle zu untersuchen.

15. Woran schnuppert Trudi?

Trudi schnuppert an einem besonders bunten Stein.

16. Woran knabbert Trudi dann?

Trudi beginnt, wieder an dem Essen in dem Terrarium zu knabbern.

17. Was hat Timmy also herausgefunden?

Er hat also herausgefunden, dass sich Trudi in ihrer alten Umgebung nicht mehr wohlgefühlt hat.

18. Wodurch hat Trudi ihre Neugier und Freude am Leben wiedergefunden?

Durch das neu gestaltete Terrarium hat sie ihre Neugier und Freude am Leben wiedergefunden.

19. Was genießt Trudi nun wieder?

Trudi genießt wieder alle ihre Lieblingsspeisen.

20. Was hat Timmy gelernt?

Er hat gelernt, wie wichtig es ist, auf die

Veränderungen im Verhalten seines Tieres richtig zu reagieren

21. Was wollen auch die Tiere?

Auch Tiere wollen in einer liebevollen Umgebung leben.

1. Timmy lebt mit einer Schildkröte.
2. Die Schildkröte knabbert an saftigen Salatblättern.
3. Trudi hat ihren Appetit verloren.
4. Timmy beschließt, einen Tierarzt zu besuchen.
5. Der Tierarzt untersucht Trudi.
6. Trudi ist beunruhigt.
7. Das Glas sieht schmutzig aus.
8. Alles ist durcheinander.
9. Timmy muss das Terrarium aufräumen.
10. Jetzt erinnere ich mich.
11. Sie hat kleine Verstecke in ihrem Garten.
12. Ihr Hemd ist bunt.
13. Das Terrarium ist jetzt neu gestaltet.
14. Etwas hat sich verändert.
15. Er ist ein neugieriger Mensch.
16. Die Katze schnuppert an der Milch.
17. Sie leben in einer schönen Umgebung.

18. Ich habe mich gestern wohlgefühlt.
19. Ich genieße meine Lieblingsspeisen.
20. Sie rettet den alten Hund.
21. Sie ist eine liebevolle Frau.

Andrea und Tommy

1. Wo leben die Geschwister?

   In einem gemütlichen Haus in einem kleinen Dorf.

2. Wie heißt ihr Meerschweinchen?

   Effi.

3. Was liebt Effi?

   Effi liebt es, aus dem Käfig zu schlüpfen und im Zimmer herumzulaufen.

4. Was ist immer ein großes Abenteuer für Andrea und Tommy?

   Effi wieder einzufangen.

5. Was stellen Andrea und Tommy eines Tages fest?

   Dass Effi wieder einmal aus dem Käfig entkommen ist.

6. Was durchsucht Andrea?

   Andrea durchsucht den Fußboden des Zimmers nach den üblichen Verstecken.

7. Was versucht Tommy?

   Tommy versucht, das Tier hinter den Möbeln und Gardinen zu entdecken.

8. Was beschließen sie dann?

   Sie beschließen, ihre Strategie zu ändern.

9. Was bereitet Tommy vor?

   Tommy bereitet (inzwischen) den Käfig vor.

10. Wohin legt Tommy die Lieblingsspeise von Effi?

   Er legt die Lieblingsspeisen von Effi in den Käfig und davor.

11. Was gießt er in den Napf?

   Er gießt (auch) frisches Wasser in den Napf.

12. Was hören sie plötzlich hinter dem Bücherregal?

Plötzlich hören sie ein leises Rascheln hinter dem Bücherregal.

13. Was macht das Meerschweinchen, als sie das Regal beiseite schieben?

Das Meerschweinchen schaut sie an.

14. Wohin bringen sie Effi dann?

Zurück in ihren Käfig.

15. Woran schnuppert Effi?

Effi schnuppert an dem frischen Gemüse.

16. Was wissen Andrea und Tommy jetzt?

Sie wissen jetzt, dass sie als Team immer eine Lösung finden können.

17. Was tun die Geschwister ab jetzt, wenn Effi wieder einmal wegläuft?

Ab jetzt teilen sie sich die Aufgaben, wenn Effi

wieder einmal wegläuft.

18. Wofür sorgen sie jetzt immer gemeinsam?

Für das Wohl ihres Meerschweinchens.

1. Tim und Tom sind Zwillinge.
2. Das ist ein Meerschweinchen namens Peter.
3. Die Katze schlüpft aus dem Zimmer.
4. Sie haben den Hund wieder eingefangen.
5. Sie stellen fest, dass der Hund schläft.
6. Eine Zeitung liegt auf dem Fußboden.
7. Er sitzt auf seinem üblichen Stuhl.
8. Das Zimmer hat viele Möbel und Gardinen.
9. Stunden sind vergangen.
10. Trotz meiner Bemühungen kann ich ihn nicht finden.
11. Wir müssen unsere Strategie ändern.
12. Sie haben einen neuen Vogel entdeckt.
13. Sie durchsuchen das ganze Zimmer.
14. Mutter bereitet das Essen vor.
15. Dort ist der Käfig. Der Kanarienvogel sitzt davor.
16. Sie gießt Milch in die Tasse (in den Napf).
17. Tim und Tom sehen sich an.
18. Sie schiebt das kleine Auto unter das Bett.
19. Wir müssen eine Lösung finden.

20. Ich bin mit dem Text zufrieden.
21. Magst du frisches Gemüse?
22. Ich bin wirklich erleichtert, dass du nicht mehr krank bist.

Lisa und Alexander

1. Wo leben Lisa und das Kaninchen?

   In einem kleinen Haus auf einem Berg.

2. Wie heißt das Kaninchen?

   Alexander.

3. Was beschließen sie eines Tages?

   Eines Tages beschließen sie, einen Ausflug in den nahegelegenen Park zu machen.

4. Was bemerken sie plötzlich?

   Sie bemerken plötzlich, dass ein heftiger Sturm kommt.

5. Wie sieht der Himmel aus?

   Dunkle Wolken stehen am Himmel.

6. Was denkt Lisa in diesem Moment?

Lisa denkt, dass es besser ist, so schnell wie möglich nach Hause zu gehen, um sicher zu sein.

7. Was passiert, als sie sich auf den Weg machen?

Als sie sich auf den Weg machen, geraten sie in einen starken Regenschauer.

8. Was wollen Lisa und Alexander so schnell wie möglich finden?

Schutz.

9. Was entdecken sie schließlich?

Eine kleine Höhle.

10. Wo ist die Höhle?

In einem Felsen im Park.

11. Worauf warten sie geduldig?

Sie warteten geduldig darauf, dass der Sturm zu Ende geht.

12. Was scheint bald wieder durch die Wolken?

    Die Sonne scheint wieder durch die Wolken.

13. Warum sind Lisa und Alexander jetzt glücklich?

    Sie sind glücklich, dass sie gemeinsam den Sturm überstanden haben.

14. Was macht Lisa, als sie zu Hause ankommt?

    Zu Hause angekommen, trocknet Lisa zuerst sich und dann das Kaninchen.

15. Wofür ist Lisa dankbar?

    Lisa ist dankbar, dass sie in schwierigen Situationen immer für Alexander sorgen kann und dass sie gemeinsam jede Herausforderung meistern können.

16. Woran erinnert das Abenteur Lisa?

    Daran, wie wichtig es ist, füreinander da zu sein und sich gegenseitig zu unterstützen, besonders in Zeiten von Problemen.

1. Der Baum steht auf einem Berg.
2. Das Kaninchen erlebt viele Abenteuer.
3. Wir gehen in den nahegelegenen Park.
4. Ein heftiger Sturm kommt..
5. Der Wind weht auf dem Berg.
6. Wir geraten in einen Regen.
7. Wir eilen nach Hause.
8. Wir müssen Schutz finden.
9. Alle Kinder sind vom Regen durchnässt.
10. Es gibt einen Felsen mit einer Höhle in unserem Park.
11. Sie bietet mir die (ihre) Hand.
12. Ich schütze mich (selbst) vor dem Regen.
13. Ich warte geduldig auf meine Mutter.
14. Der Regen hat nachgelassen.
15. Wir sind auf dem Heimweg.
16. Hast du die Prüfung überstanden?
17. Lisa trocknet die Teller.
18. Er hilft mir immer. Ich bin sehr dankbar
19. Das ist eine große Herausforderung.
20. Du hast die Situation wirklich gut gemeistert.
21. Wir müssen füreinander da sein.
22. Wir müssen uns gegenseitig unterstützen.

Luca und Rio

1. Wo lebt Luca?

   In einem kleinen Dorf am Rand eines kleinen Sees.

2. Was ist sein Haustier?

   Ein Papagei.

3. Wie heißt der Papagei?

   Er heißt Rio.

4. Was will Luca Rio unbedingt beibringen?

   Luca will Rio unbedingt das Sprechen beibringen.

5. Was macht er also jeden Tag?

   Er übt jeden Tag geduldig mit ihm.

6. Gibt Luca auf?

Nein, Luca gibt nicht auf.

7. Was liest Luca Rio vor?

   Er liest Rio Geschichten vor.

8. Warum ist Luca immer mehr frustriert?

   Weil Rio stumm bleibt.

9. Was sagt Rio plötzlich, als Luca draußen im Garten spielt und Rio auf seinem Käfig sitzt?

   Rio sagt: „Hier, Fido, hier!"

10. Spricht Rio von diesem Tag an mehr?

    Ja, von diesem Tag an spricht Rio immer wieder in unerwarteten Momenten.

11. Welche Wörter wiederholt Rio?

    Er wiederholt die Wörter, die er von Luca und den Nachbarn hört.

12. Warum ist Luca jetzt überglücklich?

Luca ist überglücklich, dass sein bester Freund endlich zu sprechen begonnen hat.

13. Was teilen die beiden jetzt miteinander?

Die beiden teilen jetzt viele lustige Momente miteinander.

14. Wo verbreitet sich die Geschichte von Luca und Rio?

Die Geschichte von Luca und Rio verbreitet sich (auch) im Dorf.

15. Warum kommen jetzt viele Leute?

Viele Leute kommen, um den sprechenden Papagei zu sehen.

16. Was ist für Luca und Rio das Wichtigste?

Für Luca und Rio ist das Wichtigste, dass sie eine enge Beziehung haben, die durch die Freude am Sprechen noch stärker wird.

1. Ich lebe (wohne) am Rande eines großen Sees.

2. Ich habe einen grünen Papagei.
3. Ich will unbedingt nach Paris fliegen (fahren).
4. Sie will mir Deutsch beibringen.
5. Ich übe jeden Tag.
6. Sie ist eine geduldige Frau.
7. Ihre Bemühungen helfen wirklich.
8. Er bleibt stumm.
9. Ich will nicht aufgeben.
10. Etwas Unerwartetes ist geschehen.
11. Ich kann kaum meine Augen öffnen.
12. Er ist tatsächlich aus Berlin.
13. Sie streichelt den Hund.
14. Das ist eine großartige Idee!
15. Die Kinder strahlen!
16. Sogar meine Frau ist krank.
17. Ich bin überglücklich, dass du hier bist.
18. Sie teilen einen glücklichen Tag miteinander.
19. Er verbreitet falsche Informationen.
20. Diese Straße ist sehr eng.
21. Ihre Beziehung ist wirklich gut.

By the same author:

Ulrich Becker:

**German Grammar Workbook -
Adjective endings, ein-words, der-words:
Levels A2 and B1**

ISBN 9781595694287

Ulrich Becker:

Esperanto in The New York Times (1887 - 1922)

ISBN 9781595691699

Ulrich Becker:

New York Lunatic oder Die andere Seite des Mondes
(Novel)

ISBN 9783980576383

www.ingramcontent.com/pod-product-compliance
Lightning Source LLC
Chambersburg PA
CBHW022155080426
42734CB00006B/445